LE SÉNAT

TRAITÉ

COMME IL LE MÉRITE.

Timeo Danaos et dona ferentes.

PARIS,

CHEZ LES LIBRAIRES ASSOCIÉS,

1814.

LE SÉNAT

TRAITÉ

COMME IL LE MÉRITE.

Aussitôt après la prise de Paris par les puissances alliées, le sénat s'est convoqué de son chef sous la présidence d'un des grands dignitaires. Sénateurs, vous avez promptement oublié votre origine et la source qui vous a donné l'être ! elle n'est pourtant pas si ancienne. Qui vous a créés ? Buonaparte : qui a fixé vos attributions, vos droits et vos formes ? Buonaparte : mais lui seul avoit le droit de nommer votre président ; vous ne pouviez vous assembler qu'en vertu d'une lettre close (lettre de cachet) ; votre convocation est donc irrégulière et illégale. Vous avez fait plus, vous avez convoqué le corps législatif ; vous n'en aviez pas le droit. Ce corps n'a aucune connexion avec vous, vous êtes indépendans l'un de l'autre, vos attributions sont différentes ; votre conduite vis-à-vis de lui est donc encore irrégulière. Voilà pour les formes : suivons à présent votre marche. Vous avez prononcé la déchéance de Buonaparte, vous avez institué un gouvernement provisoire ; vous avez appelé Louis XVIII au trône français, et vous avez dressé un projet *de pacta conventa*, comme condition *sine quâ non*, pour monter sur le trône de ses pères. Bon Dieu, sénateurs, que d'irrégularité dans votre conduite ! 1.º Quant à la déchéance, quel est votre titre, votre mandat, quel est l'acte par lequel le peuple français vous a investis de ses pouvoirs et de sa confiance ? Votre existence date de celle d'un usurpateur : ainsi quand celui-ci tombe, tous vos pouvoirs cessent. Quand le mandant n'est plus, il n'y a plus de mandataires : voilà des principes incontestables. 2.º L'établissement d'un gouvernement provisoire regardoit uniquement le corps municipal de Paris, qui étoit alors la seule autorité compétente, et qui se seroit concertée à cet égard avec les Souverains conquérans. 3.º Vous appelez Louis XVIII à la couronne de France : mais je vous demanderai encore ici quand et comment la nation vous a chargés d'exprimer son vœu ; elle n'a pas attendu vos décrets , lorsqu'un rejeton de la race auguste des Bourbons a paru sur le sol français. La ville de Bordeaux s'est élancée dans ses bras , a proclamé sur-le-champ , avec des acclamations unanimes , Louis XVIII pour son souverain légitime. A Toulouse, où l'on ignoroit les événemens de Bordeaux et vos décrets , l'élan a été général , et tout le peuple a reconnu Louis XVIII. D'ailleurs la position du Roi est simple , c'est un héritier qui vient recueillir une succession qui lui appartient ; les lois la lui défèrent comme son patrimoine ; il vient reprendre sa place que les factions et la violence lui avoient arrachée , ses droits sont imprescriptibles , il succède à Louis XVII , son neveu , à Louis XVI , son auguste frère , à Louis XV son aïeul , et ainsi de suite jusqu'à Charlemagne. Que signifie donc cet appel du sénat de Buonaparte , qui a l'air de déférer la couronne à son Roi légitime ? Que signifient ces adhésions partielles des corps de magistratures , des avoués , des notaires , des avocats de Paris ? cette marche est illégale et contraire aux droits des monarques français. Le Roi légitime n'existant plus , son héritier présomptif succède de droit. Le Roi est mort : Vive le

Roi ; voilà les principes du droit public français, dont l'existence date de plusieurs siècles. Que signifie aussi cette abdication de
Buonaparte ? On croiroit réellement que
c'est un vainqueur généreux qui dépose une
puissance qu'il reconnoît illégale, et qui la
restitue à l'héritier légitime. On croiroit que
c'est un nouveau Sylla qui, après avoir exercé
pendant plusieurs années la suprême magis-
trature, et avoir inondé sa patrie de pros-
criptions, de meurtres,et de crimes, en des-
cend volontairement pour se mêler dans la
classe ordinaire des simples citoyens. On
croiroit que c'est un nouveau Monck qui,
touché des malheurs de son pays, lui rend
son Roi légitime. Non, c'est un monstre terrassé par l'Hercule du Nord : c'est un tigre
dont la rage est devenue impuissante pour
déchirer de nouvelles victimes ; enfin c'est
un ennemi qui veut capituler quand il est
pris d'assaut. Cette abdication présente donc
un ridicule : mais qu'abdique-t-il ? le trône
français ! y a-t-il jamais eu quelque droit ?
comment y a-t-il monté ? par la violence :
comment s'y est-il maintenu ? par des crimes, par une constitution qu'il avoit faite
lui-même, et qu'il violoit à tout moment.

4.º Sénateurs, vous rédigez une charte constitutionnelle qu'il doit signer, après quoi il sera proclamé, dites-vous, avec des formes qui seront déterminées. D'abord, je vous demanderai, pour la troisième fois, qui vous a chargés de ce soin, et de qui vous tenez ce pouvoir de souverain ? Vous ne pouviez pas l'avoir sous le règne de Buonaparte ; la puissance de ce tyran étant renversée, vous n'avez plus d'existence. Avez vous bien songé qu'un corps qui s'arroge le droit de donner la couronne est un corps monstrueux, parce que celui qui la donne peut l'ôter ? Mais sommes-nous donc des Goths et des Vandales, sommes-nous un peuple nomade, sommes-nous une horde de barbares sortis tout récemment de la Scythie ou des forêts de la Germanie, qui nous constituons pour la première fois en Etat politique ? Comment ! sans remonter plus haut que Charlemagne, nous avons depuis dix siècles des lois fondamentales, des lois civiles et criminelles, des lois religieuses, en un mot, une constitution qui par la sagesse de nos rois, par les lumières progressives des siècles, par les talens de grands hommes d'Etat s'étoit perfectionnée, et sous l'égide de laquelle la France étoit par-

venue au plus haut degré de gloire et de
bonheur, et tenoit, sinon le premier, au
moins un des premiers rangs parmi les puissances de l'Europe. Telle étoit notre position,
quand des novateurs dénués de tout principe
religieux et moral , quand des niveleurs po-
litiques (*levellers*) sont parvenus, en 89 et
années suivantes, à renverser les colonnes du
trône français. Ces mêmes hommes vou-
droient aujourd'hui reproduire les mêmes so-
phismes, les mêmes paradoxes qui ont causé
nos malheurs depuis vingt ans, et après avoir
déchiré le voile qui couvroit l'arche sacrée
de notre constitution monarchique , ils veulent de nouveau enchaîner l'autorité de nos
rois. Voudroit-on encore faire de notre Roi
un sanctionneur banal de décrets, un Roi de
Suède tel qu'il étoit avant la révolution de
1772, à qui on avoit à peine laissé la signa-
ture des actes du sénat, ou un roi de Pologne,
et nous donner des diètes et des diétines
presque toujours ensanglantées par la fureur
des partis, et toujours soumises à l'influence
des puissances voisines ? Non, nous voulons
notre Roi légitime avec la plénitude de la
puissance que lui ont transmise ses ancêtres
depuis tant de siècles, et qui n'a été pour tous

les Français , qu'une longue tradition de fé-
licité. Nous voulons notre constitution vierge,
pure, et qui ne soit pas défigurée par les sénateurs de Buonaparte. Laissons aux vertus,
aux lumières , à la sagesse d'un Roi, mûri
par l'expérience et par l'adversité , le soin de
donner lui-même des bornes à son autorité :
un père a-t-il jamais besoin qu'on lui recom-
mande d'avoir soin de ses enfans ? Un roi
légitime a plus d'intérêt que personne à ré-
gner par des lois sages , et non par la violence : la chute de la puissance colossale de
Buonaparte prouve combien est fragile la
base d'une autorité arbitraire et despotique.

Quant aux formes pour proclamer Louis
XVIII , elles sont fixes et déterminées depuis
long-temps. Le serment de nos Rois est connu
ainsi que les formes de son sacre : plusieurs
siècles les consacrent et leur donnent une
teinte religieuse qui est précieuse à conserver.
Les philosophes d'aujourd'hui ne peuvent sûrement rien faire de mieux.

Le Roi, dites-vous, sera roi des Français ;
et pourquoi pas Roi de France et de Navarre
comme son frère et son aïeul ? A quoi bon
cette innovation ? Dit-on le roi des Anglais ,
le roi des Suédois? cependant voilà bien deux

monarchies limitées ; c'est donc du jargon constitutionnel de 89 , et qui cache du 93.

Vous voulez , Sénateurs , conserver vos ti-tres , votre traitement , et vos sénatoreries hé-réditairement de mâle en mâle : on voit que vous ne vous êtes pas oubliés. Mais à quel titre réclamez-vous, pour vous et vos familles, une préférence aussi marquée, une distinction aussi honorable? Quels grands services avez-vous donc rendus à la patrie? C'est à vous , sénateurs , qui avez siégé dans l'assemblée de 89 et autres , que je parle ; car l'acte consti-tutionnel est sûrement votre ouvrage , on y reconnoît vos principes, on pourroit dire, c'est la voix de Jacob , mais ce sont les mains d'Esaü. Je vais vous détailler les services que vous avez rendus : en 89 vous avez sapé les fonde-mens de l'arbre antique et vénérable de notre constitution : en 92 , vous l'avez déraciné tout-à-fait : en 93 , vous avez commis le plus énorme des attentats : ensuite est venue l'anar-chie , et puis la tyrannie. C'est donc vous qui avez engendré les Marat , les Danton , les Ro-bespierre et Buonaparte. Car , à Rome , ce sont les Gracques et Catilina qui ont produit les Marius , les Sylla , les César , les Octave , et enfin la chute de la république romaine. C'est donc vous qui avez fait parcourir à notre patrie le cercle de toutes les passions déchaînées ; car une fois l'autorité légitime renversée, il n'y a plus de frein, il n'y a plus de point central auquel se puisse rattacher la soumission et l'obéissance des peuples. Depuis que vous siégez dans le sénat, qu'avez-vous fait ? Lorsque vous avez déféré la couronne impériale au tyran qui vient de succomber, un des principaux articles de cet acte étoit qu'il seroit créé dans votre sein une commission pour régler la liberté de la presse et la liberté individuelle. Elle a été effectivement créée cette commission ; mais qu'a-t-elle produit ? C'est sous ses yeux et sous les vôtres, sénateurs, qu'on répandoit dans tous les journaux des nouvelles mensongères et absurdes, qu'on y insultoit de la manière la plus grossière tous les souverains de l'Europe, et que la France étoit réellement et matériellement bloquée pour lui dérober la connoissance des événemens connus par-tout ailleurs. Quant à la liberté personnelle, c'est sous vos yeux qu'on emprisonnoit le souverain Pontife, des cardinaux, des prélats, des prêtres, des citoyens de tout état, de toute profession. C'est sous vos yeux qu'on établissoit des com-

missions militaires qui jugeoient prévôtale-
ment tous ceux qui étoient suspects au tyran.
C'est sous vos yeux que les prisons regor-
geoient de citoyens enfermés sur le moindre
prétexte, et dont plusieurs étaient fusillés
pendant la nuit, sans même avoir été soumis
à une commission militaire. C'est encore sous
vos yeux que le tyran moissonnoit tous les
ans les générations. Que faisoit alors votre
commission ? Aucune voix ne s'est élevée
contre ces actes vexatoires et atroces. Je me
trompe, sénateurs, vos présidens, vos rap-
porteurs, les ministres du tyran, ces Séjans
du Tibère de la France, faisoient des dis-
cours pour justifier toutes ses mesures ; et
vous, sénateurs, vous applaudissiez à toutes
ses propositions, et lui faisiez des adresses qui
respiroient la plus basse et la plus vile adula-
tion. Toutes ces harangues, toutes ces adresses
sont imprimées, je les dénonce donc à nos
contemporains, à la postérité et à l'histoire ;
si toutefois la majesté de l'histoire lui permet
de souiller ses fastes de noms aussi mépri-
sables.

Sénateurs, voilà vos titres de recomman-
dation auprès de la nation française, pour que
Louis XVIII vous accorde les récompenses

que vous avez l'impudeur de lui demander.

Vous réclamez la liberté de la presse et la liberté personnelle : on n'a point encore oublié que ce sont les Gorsas, les Père Duchêne, et autres libelles infâmes encouragés par les législateurs de 89 , qui ont empoisonné le peuple, et qui, en trois ans de temps , ont détruit cet amour , cette vénération , cette espèce de culte que le peuple avoit pour le vertueux Louis XVI , et l'ont égaré au point de le rendre complice du plus grand des crimes. Il faut donc que cette liberté de la presse subisse des restrictions sévères, en conservant toutefois un libre essor à l'esprit , au génie et au talent.

Vous demandez que le Roi maintienne toutes les lois actuelles , c'est-à-dire donc le Code civil, le concordat, l'institution du jury, toutes les lois révolutionnaires , la conscription , l'organisation judiciaire , toutes les lois fiscales , etc. , etc. Il est impossible que le Roi sanctionne une telle législation qui porte l'empreinte de l'esprit révolutionnaire ou de la tyrannie.

Vous demandez un gouvernement représentatif, c'est-à-dire deux chambres. Mais vous ne voulez , pour être sénateurs , d'autre condition que d'être majeur; c'est-à-dire, que vous confieriez les plus grands intérêts de l'Etat à des jeunes gens dans l'âge où les passions sont dans la plus grande effervescence. Sénateurs, vous secouez promptement le joug paternel : votre créateur avoit fixé l'âge de quarante ans; et certes, il avoit raison.

De même, pour être député au corps législatif, vous demandez seulement qu'on soit propriétaire; mais vous ne fixez pas la quotité de la propriété qui sera requise. Vous n'ignorez sûrement pas qu'en Angleterre, pour être député d'un comté, il faut avoir environ 12,000 livres de rente : et pour être député d'un bourg, ou (*borough*), il faut avoir 4 ou 5,000 livres de rente. Les Anglais ont senti l'importance de cette quotité de propriété pour ne confier la confection des lois qu'à des hommes intéressés à la conservation et au maintien de l'ordre public. Pour vous, sénateurs, qui prétendez sûrement faire mieux que les Anglais, vous vous êtes contentés de l'expression vague et indéterminée de *propriétaire*. On espère sans doute que, par des intrigues et des menées sourdes, on introduira dans ce corps législatif un grand nombre de petits propriétaires dont quelque orateur véhément et adroit, quelque Gracque moderne, s'emparera facilement. Tacite disoit des Gracques : *Toute leur éloquence ne valoit pas les lois qu'ils vouloient nous donner.* Certes, on pourroit bien appliquer l'expression de ce judicieux auteur aux lois de nos législateurs modernes.

Sénateurs, je ne pousserai pas plus loin l'examen de votre charte constitutionnelle ; elle est attentatoire aux droits de nos monarques : c'est, d'ailleurs, une vraie boîte à Pandore qui contient tous les germes de troubles. Prince, qui venez vous asseoir sur le trône de vos pères, n'abaissez pas votre sceptre devant des sujets qui veulent limiter votre autorité ; n'endossez pas cette robe de Nessus dont on veut vous revêtir ; gardez-vous de cette coupe empoisonnée qu'on vous présente ! Songez que vous êtes appelé au trône par l'amour de vos peuples, par le suffrage unanime de toute la nation, et que vous n'avez pas besoin d'y être appelé par des décrets d'un sénat sans titre et sans existence légale.

Et vous, magnanimes souverains, vos armes victorieuses ont terrassé l'hydre à cent

têtes qui désoloit notre malheureuse patrie ;
songez que les droits de Louis XVIII sont
les vôtres, que sa cause est celle de tous les
souverains, qu'il est essentiel pour vous que
le trône français repose sur des bases so-
lides, qui détruisent tous les germes de
troubles qui pourroient altérer encore le re-
pos de l'Europe. Conquérans généreux, vous
avez conquis tous les cœurs français en nous
ramenant nos princes légitimes; la nation
vous a voué pour toujours des sentimens de
reconnoissance et d'amour.